O Tao
da Mulher

Algumas obras publicadas nesta editora

100 Conselhos Para Melhorar a Sua Vida Social, *David Coleman e Diane Coleman*
100 Conselhos Para Um Casamento Feliz e Duradouro, *Caryl Krueger*
101 Jogos Musicais Para Crianças, *Paul Rooyackers*
101 Maneiras de Dizer "Amo-te", *Vicki Lansky*
A Arte da Guerra Para Executivos, *Donald G. Krause*
Acordes Para Guitarra, *Jeff Schroedl e Gary Meisner*
Acordes Para Teclado, *Jeff Schroedl e Gary Meisner*
As Desculpas Que os Miúdos Inventam Para Tudo, *Mike Joyer e Zach Robert*
Castelo de Óbidos, *Francisco Pedro Lyon de Castro*
Castelo de Sintra ou Castelo dos Mouros, *Francisco Pedro Ribeiro e Costa*
Como Criar Música Com o Seu Computador, *Warren A. Sirota*
Como Fazer Filmes e Vídeos Com o Seu Computador, *Robert Hone e Margy Huntz*
Como Ganhar no Casino, *Dennis R. Harrison*
Como Influenciar o Seu Querido Chefe, *Roger Fritz*
Como Não Sabotar o Seu Próprio Sucesso, *Nancy Stern e Maggi Payment*
Como Negociar na Internet, *Brian Hurley e Peter Birkwood*
Como Preparar um Relatório, *Alan Barker*
Currículos Perfeitos Para Empregos de Sucesso, *C. E. Good e W. G. Fitzpatrick*
Descubra as Suas Raízes, *Nuno Canas Mendes*
Fundo de Maneio e Política Financeira, *P. Conso e R. Lavaud*
Guia do Homem Com Classe, *Hal Rubenstein e Jim Mulden*
Internet Instantâneo Com Websurfer, *David Sachs e Henry Stair*
Mais 100 Conselhos Para um Casamento Feliz e Duradouro, *Caryl Krueger*
O Livro dos Signos Para o Novo Milénio, *Teri King*
O Tao da Mulher, *Pamela K. Metz e Jacqueline L. Tobin*
O Tao das Finanças, *Ivan Hoffman*
O Tao do Amor, *Ivan Hoffman*
O Tao do Poder, *R. L. Wing*
O Tao do Trabalho em Equipa, *Cresencio Torres*
O Trilho do Dragão, *Donald G. Krause*
Reuniões Que Funcionam, *Alan Barker*
Vulcão, *Richard Woodley*

Pamela K. Metz
Jacqueline L. Tobin

O Tao da Mulher

LYON EDIÇÕES

Título original: The Tao of Women

Tradução de Ana Paula Lobo Pimentel

© da tradução: Lyon Multimédia Edições, Lda., 1996

Capa de Estúdios P.E.A.

© 1995 Humanics Limited

Direitos reservados
por Lyon Multimédia Edições, Lda., 1996

Nenhuma parte desta publicação pode ser reproduzida ou transmitida por qualquer forma ou por qualquer processo, sem autorização prévia e escrita do editor. Exceptua-se naturalmente a transcrição de pequenos textos ou passagens para apresentação ou crítica do livro. Esta excepção não deve de modo nenhum ser interpretada como sendo extensiva à transcrição de textos em recolhas antológicas ou similares donde resulte prejuízo para o interesse pela obra. Os transgressores são passíveis de procedimento judicial.

Execução técnica: Gráfica Europam, Lda., Mem Martins

Editores:
Francisco Pedro Lyon de Castro e Nuno Lyon de Castro

LYON MULTIMÉDIA EDIÇÕES, LDA.
Apartado 7
2726 Mem Martins Codex
Portugal

Depósito legal n.º 108674/97
Publicado em Abril de 1997

Índice

Introdução		9
1	Emergência	13
2	Obra de mulher	15
3	Mulher astuta	17
4	Contentores	19
5	Equilíbrio	21
6	Ventre	23
7	Elo	25
8	Fluido	27
9	Plenitude	29
10	Nascimento	31
11	Entrelinhas	33
12	Intuição	35
13	O Seu Ser/Ela Própria	37
14	Sabedoria	39
15	Sábias	41
16	Ciclos	43
17	A arte dos partos	45
18	Esquecer/Lembrar	47
19	Fluindo do centro da teia	49
20	Solitária	51
21	Reflexão	53
22	Ver-se ao espelho	55
23	Personificação	57
24	Fundamentada	59
25	Fonte	61

26	Lar	63
27	Viajando	65
28	Opostos	67
29	Estações	69
30	Coragem	71
31	Silêncio	73
32	Mulheres e homens: o Tao	75
33	Conhece-te a ti própria	77
34	Mistérios de mulher	79
35	Percorrendo o caminho sagrado	81
36	O destino da mulher	83
37	Transformação	85
38	Enredos	87
39	Fragmentos do todo	89
40	Regresso	91
41	Caminho	93
42	Comunhão numa só	95
43	Bondosa	97
44	Contentamento	99
45	Praticar a arte do Tao	101
46	Medo	103
47	Confiar nas emoções	105
48	Rituais	107
49	Família	109
50	Ritmos da vida	111
51	Mãe Natureza	113
52	À procura do teu caminho	115
53	Manter-se no caminho certo quando se perde o norte	117
54	Mulheres que nos antecederam	119
55	Imunidade natural	121
56	Espírito criativo	123
57	De vulgar a Heróico	125
58	Dares-te ao próximo	127
59	Criar	129

60	Incubação	131
61	Receptiva	133
62	Contar as histórias	135
63	Discriminação: escolher as sementes	137
64	Princípios sem fins	139
65	Modelos simples	141
66	Colaborar	143
67	Presentear-se	145
68	Espírito brincalhão	147
69	Paciência	149
70	Espiritualidade	151
71	Curar	153
72	Moldar	155
73	Teia do mundo	157
74	Mudança	159
75	Cortar o cordão	161
76	Subtilezas	163
77	Estabilidade	165
78	Poder no feminino	167
79	Auto-responsabilidade	169
80	Estabelecer prioridades: dizer "Não"	171
81	Mulheres astutas	173

Introdução

O *Tao da Mulher*, inspirado no *Tao Te Ching*, de Lao Tzu, faz a ligação entre a filosofia taoísta e a intuição feminina. Pouco antes da sua morte, os seguidores de Lao Tzu persuadiram-no a registar os seus ensinamentos sob a forma de 81 capítulos ou versos. O seu *Tao Te Ching (O Livro do Comportamento)*, tem servido de fonte de reflexão filosófica a milhões de pessoas. Nesta obra, utilizámos o mesmo formato com o intuito de recuperar e apresentar a sabedoria acumulada pelas mulheres ao longo de séculos, na esperança de que aquela não se venha a perder. *O Tao da Mulher* significa «O Comportamento da Mulher». Por intuição, sabemos que, se nos mantivéssemos imóveis e à escuta, seríamos guiadas pelas vozes e mensagens das nossas antecessoras.

Histórias sobre mulheres só foram reveladas e analisadas através de publicações, ou até mesmo debatidas, muito recentemente. São histórias que permanecem escondidas nas colchas que costuramos, nos cestos que criamos, nas peças de cerâmica que concebemos, nas canções que cantamos, nos poemas que inventamos e nas famílias que educamos — mensagens de vidas inteiras codificadas segundo as tradições femininas. Todas as mulheres partilham um poder: criar; somos as origens e as possibilidades eternas da vida. A partir de várias meditações, curtas e pungentes, tentamos capturar este poder e explorar as muitas perspectivas e estatutos da mulher através dos tempos.

Já nos antecederam inúmeras gerações de mulheres. Episódios de vidas notáveis de mulheres vulgares acabaram por se perder no tempo ou ser esquecidos. Sabemos que as mulheres já não se reúnem à volta do poço; mães e filhas deixaram de ter tempo para estarem uma com a outra; as avós já não têm a quem ensinar. A vontade original de comunicação por parte da mulher, já de si delicada e ténue, está a desaparecer cada vez mais do nosso dia-a-dia.

Enquanto escrevíamos *O Tao da Mulher*, surgiu um artigo, da autoria de Norma Libman, no nosso jornal local, dando conta da recente descoberta de um dialecto milenário, utilizado secretamente pelas mulheres na China. Esta linguagem secreta, chamada *Nu Shu* — «a escrita da mulher» — , foi criada para servir de meio de comunicação numa sociedade em que apenas aos homens era permitido ler ou escrever. A nível da concepção, este dialecto é sintético e simples. É facilmente decifrável por peritos nesta área, mas virtualmente insignificante para aqueles que não sabem o que procuram. O *Nu Shu* era esboçado entre as linhas verticais da escrita tradicional chinesa ou bordado em lenços, leques e guardanapos, oferecidos como presentes despretensiosos. Tomámos conhecimento de que apenas algumas mulheres chinesas idosas continuam a utilizar o *Nu Shu* na sua vida pessoal, tendo sido ensinadas pelas suas mães e avós. De imediato nos apercebemos de que esta forma secreta de comunicação tinha de ser preservada e apreciada.

O *Nu Shu* foi difundido, pela primeira vez, em 1950, na região montanhosa de Hunan, na China. Uma mulher que tentava encontrar a casa onde passara a sua infância dirigiu-se a uma esquadra de polícia com o endereço escrito em *Nu Shu* num pedaço de papel. Ninguém conseguiu entender aquela escrita; nunca tinham visto um dialecto como aquele. Esta linguagem secreta acabou por ser recuperada e traduzida com sucesso apenas em 1982.

Na tradição budista de Hunan, todos os bens de uma pessoa são reduzidos a cinzas após a sua morte.

Daí que muitos dos artefactos originais desta linguagem tenham sido destruídos. Na tentativa de preservar esta herança cultural antes da morte da última escritora conhecida, a etnóloga Hung Che-ping viajou até Hunan. Aí recolheu, estudou e traduziu todos os trabalhos disponíveis em *Nu Shu*. Sem a sua diligência e curiosidade, um património de canções, poemas, histórias, cartas e autobiografias manuscritas em *Nu Shu* ter-se-ia irreversivelmente perdido.

Shi-huei Cheng, editora, tradutora e membro da direcção da organização feminista chinesa, «The Awakening Foundation», traduziu os títulos de cada um dos 81 capítulos deste *Tao da Mulher*. Constituem os únicos exemplos de *Nu Shu* publicados na língua inglesa e agora traduzidos para português. Levou a cabo um exaustivo trabalho científico de campo em Hunan, acompanhada por uma mão-cheia de mulheres que ainda utilizam o *Nu Shu*, e editou alguns dos manuscritos originais em *Nu Shu* e as respectivas traduções em mandarim. Shi-huei Cheng foi-nos recomendada por Su Chien-ling, vice-presidente da «Awakening Foundation». Estamos-lhes imensamente gratas pela ajuda que nos prestaram.

Sentimo-nos muito honradas por termos os títulos dos capítulos desta obra ilustrados com as traduções em *Nu Shu*. Quão apropriada é esta associação do antigo e místico Tao com a linguagem misteriosa e feminina numa obra que apresenta uma versão contemporânea do comportamento da mulher. Os caracteres tradicionais chineses foram também incluídos, não só para demonstrar a ténue disparidade entre as duas formas de comunicação, mas também para revelar como poderá ter sido a disposição original do *Nu Shu*. Esperamos conseguir alcançar um equilíbrio entre o homem e a mulher, o masculino e o feminino. As mulheres têm sobrevivido porque compreendem o equilíbrio e o todo: ser do sexo feminino e dar à luz seres do sexo masculino, ser amável para ultrapassar obstáculos e recuar para chegar mais além. Louvamos e apreendemos esta sabedoria feminina.

Dentro de cada capítulo, há espaço para registar as suas próprias reflexões. Com vista a revitalizar a tradição de passar os contos femininos de geração para geração, encorajamos a utilização desta obra como um diário dos seus pensamentos, teorias, perguntas e histórias. Há muito que as mulheres estabeleceram uma relação entre si e comunicam intimamente. Há muito que as mulheres conversam sobre o que significa ser mulher. Facultamos-lhe uma morada no final da obra para onde nos poderá enviar a sua reflexão favorita. Pode ser um poema, um desenho, uma história, um conselho ou qualquer reflexão pessoal à sua escolha. Estes capítulos constituem ensinamentos para que vivamos a vida como mulher, a sabedoria que desejamos que as nossas filhas venham a ter. Que ensinamentos gostaria de legar às gerações vindouras? Quais são os ensinamentos que nos ligam enquanto mulheres e que gostaria de ter com quem partilhar?

Apesar de as mulheres terem sobrevivido ao longo da História por viverem em silêncio, o seu poder consegue ser ouvido pelas que estão à escuta. Em qualquer cultura, sem poderem fazer ouvir a sua voz ou linguagem, muitas vezes sem saberem ler nem escrever, as mulheres encontraram sempre meios de comunicação. O *Tao da Mulher* é uma versão dos tempos modernos do dialecto *Nu Shu*. Lendo nas entrelinhas e encontrará a linguagem eterna da mulher. Continuará a ser um segredo somente para as que não tentaram ou quiseram compreendê-la. Com estes versos e traduções, quebramos o silêncio, reclamamos a nossa sabedoria enquanto mulheres e ficamos a conhecer o que nos une. Quando o silêncio é quebrado e o código decifrado, descobrimos o fio da tradição feminina que nos liga como mulheres. Este fio pode servir de guia no labirinto de passagens da vida, ainda por revelar, conduzindo-nos pelo caminho por tantas percorrido antes de nós. O *Tao da Mulher* foi tecido com este fio.

Leia os versos em voz alta, para si e para outras. Escute as vozes das nossas avós e das avós delas nos espaços de silêncio entre as palavras. Visualize as nossas relações, umas com as outras, através do tempo, do espaço e da cultura. Lembre-se das mulheres que nos antecederam e das filhas que nos hão-de suceder.

O *Tao da Mulher* é a sua herança. Legue-a às gerações vindouras.

Reflexões

Emergência

1 *Emergência*

Do Tao emergem histórias comuns a todas
as mulheres.

Os destinos permaneceram escondidos
durante milhares de anos.

Os caminhos foram desgastados pelas
que já desapareceram.

Histórias foram silenciadas. Vidas esquecidas.

Agora, quebra-se o silêncio; um coro surge.
As mulheres dão voz aos seus ideais.

Emergência.

Reflexões

Obra de mulher

2 Obra de Mulher

Ela atreve-se a criar o extraordinário
a partir do vulgar.

Ela aproveita recortes, amostras e sobras
e talha colchas, cria cestos, tartes e famílias.

O ter e o não ter desencadeiam
a tensão para criar.

Ela atreve-se a criar a partir do nada, a tecer sem fio
e a cantar através do silêncio.

Quando a obra da mulher está pronta, ela deixa-a partir.
Assim, a obra pode ter continuação sem ela.

Extraordinário.

Reflexões

Mulher astuta

3 *Mulher astuta*

Ela é uma mulher astuta que gere o seu negócio e deixa que os outros façam o mesmo. Tudo se consegue quando não interferimos no caminho dos nossos semelhantes.

Ela aprendeu a distinguir o que é importante e reserva tempo para fazer uma visita à vizinha. Elogia mulheres famosas e honra todas as outras ao exultar o que as liga.

Ela está certa da posição que ocupa no mundo e cria espaço para os outros. A sua imagem é o reflexo das experiências ao longo da vida.

Reflexões

Contentores

4 Contentores

Ela contém o que nutre o mundo.

Brotando livremente, a sábia * sacia primeiro
a sua própria sede.

---

* *(Nota da Tradutora)* — Ao longo de toda a obra, «sábia» dever-se-á entender como uma mulher de grande sabedoria que assiste a partos, auxiliando ou socorrendo as parturientes.

Reflexões

Equilíbrio

5 Equilíbrio

A sábia é como uma mãe; traz ao mundo
tanto o bem como o mal. A sábia é neutra;
abre os braços a todos.

O Tao é como a sábia; está isento de dúvidas
e consegue manter-se equilibrado.
Quanto mais dá, mais recebe. Quanto mais
se fala nela, menos ela é compreendida.

Fica no centro; fica em equilíbrio.

Reflexões

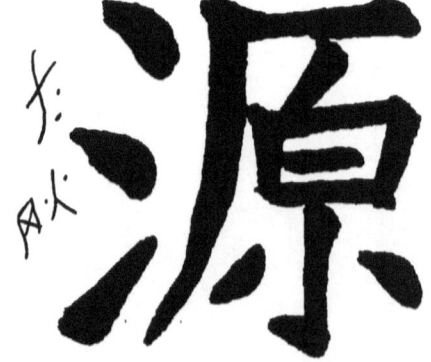

Ventre

6 Ventre

A sábia recorda as suas origens. Frequentemente,
necessita de se auto-renovar e renascer.

A Mãe Natureza coloca à disposição
das crianças do mundo um local seguro para explorar,
uma fonte de alimento e a possibilidade de crescer.

A sábia preserva a ordem natural da criação.

Reflexões

Elo

7 Elo

A sábia mantém um elo com todas as coisas
ao deixá-las partir.

O menino que se agarra ao peito da mãe
não se faz homem.

Deixem-no partir.

A menina que obedece aos sonhos da mãe
não se faz mulher.

Deixem-na partir.

Não se consegue ver a teia que agarra a aranha.
Não obstante, mantém o elo com a liberdade
e a segurança.

Deixem-na partir.

Reflexões

Fluido

8 Fluido)|(

A sábia pode tomar a forma do espaço dela,
mas não perde os seus próprios contornos.
Para a natureza dela, não é essencial cingir-se
a determinados limites.

Ela não desiste daquilo que faz dela um todo;
por isso, ela é livre.

Reflexões

Plenitude

9 Plenitude

Um copo cheio já atingiu os seus limites.
Um copo vazio espera que o encham.

O copo da sábia está sempre semicheio,
pronto para receber e pronto para dar.

Reflexões

Nascimento

10 Nascimento

És capaz de dar à luz e, mesmo assim, esquecer?
És capaz de dar de comer a outros e continuar
a cuidar de ti própria?

Consegues mostrar o caminho aos outros
sem tu própria te perderes? És capaz de garantir segurança,
sem receares aventurares-te no desconhecido?

És capaz de acalmar os medos das crianças
ao acarinhares os teus filhos?

Tudo em que tocas, muda. Tu mudas tudo aquilo
em que tocas. É o acto de criar.

Reflexões

Entrelinhas

11 *Entrelinhas*

O espaço entre as linhas cria uma imagem.
Dando um significado às nossas vidas, a figura
de primeiro plano e o fundo invertem-se.
Não é ilusão.

O vazio está cheio; o cheio não deixa espaço
para o vazio.

Fora das margens, encontra-se o deserto dela,
o local em que pode dar-se com outras mulheres,
recordando lugares sagrados que existem dentro
dos limites, para quem os procura.

O vazio está cheio. O mistério reside nas entrelinhas.

Reflexões

Intuição

12 *Intuição*

O poder dela reside na percepção directa da vida sem fazer alusão a ela.

Intuição: inteligência para além das palavras; técnicas de sobrevivência.

Confia na tua inteligência.
Reage ao âmago da questão.

Reflexões

O Seu Ser/Ela Própria

13 O Seu Ser/Ela Própria

Para subir ou descer uma montanha,
ser bem sucedida ou fracassar, o processo
é sempre o mesmo. Cada coisa a seu tempo.
Que é mais difícil?

Ao manter as suas relações com a terra, ela mantém
uma ligação com o seu Ser. Todos os passos dados
pela sábia são sagrados.

Reflexões

Sabedoria

14 *Sabedoria*

Se procuras a sabedoria, atreve-te a ir mais além
a ultrapassares os limites. Senta-te junto às mulheres
e aos homens que trabalham com as mãos.
Participa na vida.

Escuta os professores e fala com os outros alunos.
Fecha os livros. Conhecimento não é sabedoria.

Reflexões

Sábias

15 *Sábias*

As sábias apresentam-se-nos com os estatutos
de irmã, filha, amante, mãe, amiga.
Fazem o que é necessário fazer e seguem em frente
sem que o seu valor seja reconhecido pelos outros.

As aparências iludem. Como és capaz de ver antes
de estares preparada? A sábia não procura reconhecimento
com receio de ser mal compreendida.

A sábia sabe viver.
Ela surge sob muitas formas.

Se desejas conhecê-la, começa já a fazê-lo. Caminha
pelas ruas da cidade. Sobe montanhas. Lê livros.
Conversa com virgens. Vê-te ao espelho.
Ela está em toda a parte.

Reflexões

Ciclos

16 Ciclos

Tem de haver separação para que possa haver regresso.
Tem de haver Inverno para que possa haver Primavera.

Qualquer semente necessita de tempo para crescer;
qualquer mulher precisa de tempo para si.

A Lua determina as marés. Uma mulher em contacto
com a sua própria natureza aceita de bom grado os altos
e baixos da vida.

Reflexões

A arte dos partos

17 *A arte dos partos*

Durante o nascimento, a sábia ajuda a mãe
a dar à luz.

Uma parteira elimina obstruções, cria segurança
e não se intromete.

Após o nascimento, a mãe orgulha-se de o processo
ter sido natural.

«Consegui sozinha», diz ela, à medida
que a parteira se afasta.

Reflexões

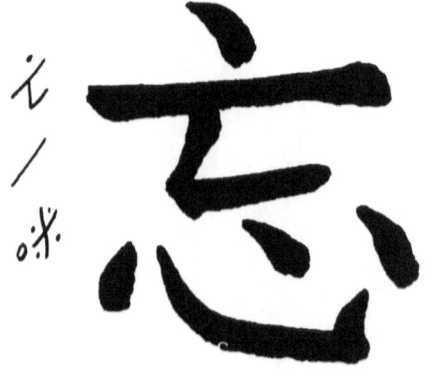

Esquecer/Lembrar

18 *Esquecer/Lembrar*

Quando o comportamento das mulheres
cai no esquecimento, apenas se ouvem
as histórias dos homens.

Sem as histórias das mulheres, apenas nascem heróis
do sexo masculino.

Quando a língua que se fala só é entendida por metade
da comunidade, perde-se a sabedoria
de séculos passados.

Não devia ser necessário reinventar
a roda em cada geração.

Reflexões

Fluindo do centro da teia

19 Fluindo do centro da teia

Ao trabalhar a partir do seu centro, a sábia move-se para o exterior. Ela faz o que tem de ser feito.

Deita fora os «devia» e o trabalho aparece feito.
Deita fora os estatutos e todos são bem-vindos.

Ao trabalhar a partir do seu centro,
a sábia depara com pouca resistência.

A vida flui.

Reflexões

Solitária

20 *Solitária*

Quando deixas de te preocupar, os teus problemas
desaparecem. Será relevante ganhares ou perderes?
Será realmente importante seguir a multidão
e imitar os outros?

Mesmo que os outros desistam de inserir a sua identidade
dentro de determinados moldes, eu não me importo.
Prefiro ficar do lado das crianças, na sua inocência.

Mesmo que os outros tenham posses,
eu mantenho-me vazia e sem nome.
O meu espírito mantém-se aberto.

Há mulheres que deslumbram; eu sou insípida.
Há mulheres mordazes; eu sou inofensiva.
Há mulheres que têm um objectivo na vida;
eu continuo à procura dele.

Esvoaço como a neve numa tempestade.
Pareço não ter um destino, nem direcção.

No entanto, por ser diferente,
tenho uma ligação sólida com a terra.

Reflexões

Reflexão

21 Reflexão

A Lua não é subjugada porque todos a conhecem.
As marés continuam a subir e a descer como sempre.

Sombrio, impenetrável e misterioso, o poder da reflexão
é directamente proporcional ao poder da Fonte.

Um não existe sem o outro.
Os obstáculos obstruem.

Reflexões

Ver-se ao espelho

22 Ver-se ao espelho

Quebrar o espelho não elimina a imagem.
Cada pedaço contém o todo. Cada semente contém
a essência da grandeza. A sábia reflecte a potencialidade
de todas as coisas.

Reflexões

Personificação

23 Personificação

Confia nos teus instintos. Eles personificam
as verdadeiras reacções ao que te rodeia.

Quando a vida traz sofrimento, aceita a dor e a tristeza.
Quando a vida traz alegria, regozija-te.

A sábia personifica a graciosidade deste momento,
entregando-se depois ao que vem a seguir.

Reflexões

Fundamentada

24 Fundamentada

Ao alongar-se demasiado, ela quebra os seus elos.
Ao permanecer demasiado ocupada, ela fica sem tempo.
Ao ajudar os outros, ela descura o seu Ser.

Ao definir-se somente a partir dos outros,
ela perde a sua própria definição.

Antes de mais, a sábia rega o seu próprio jardim.

Reflexões

Fonte

25 Fonte

O almiscareiro procura a fonte do seu próprio odor;
a mulher, a fonte do seu próprio poder.
Quando o atribui a outros, dá-lhes poderes.
Quando conclui a sua procura, apercebe-se da verdade.

Imagina os feitos se ela iniciasse a sua busca,
em casa, dentro de si própria.

Reflexões

Lar

26 Lar

A escuridão é a fonte da luz. A tranquilidade
é o início do movimento.

A sábia consegue viajar sem sair de casa.
Mesmo quando existem muitos motivos
de distracção, ela permanece centrada
no seu Ser.

Porque desataria uma sábia a andar de um lado
para o outro como uma tonta?
Quando te tornas independente, esqueces
onde é o teu lar; quando deixas que os outros
te influenciem, perdes o contacto contigo própria.

Reflexões

Viajando

27 Viajando

Até o deserto contém presentes
para os que tentam atravessá-lo.
O camelo evolui à medida que é necessário.

Assinala o teu percurso. Desenha o mapa da tua viagem.
Perde o norte nas curvas e contracurvas da vida.
Segue pela estrada menos movimentada
e chega ao teu destino dia após dia.

Perderes-te é uma questão de perspectiva.
Mantém-te a postos, mas viaja com pouca bagagem.

Reflexões

Opostos

28 Opostos

Na dança da vida, os opostos criam a disputa.
O macho não é melhor do que a fêmea;
a luz não é melhor do que a escuridão.
Tanto uns como os outros são essenciais para formar um todo.

Se apenas observares as divergências,
perdes a tua perspectiva.
Escala uma montanha para veres os vales.
Ambos têm lições para dar.

Ao admirar uma estátua, a sábia aprecia a pedra.
As capacidades tornam-se infindáveis
quando olhamos para a fonte.

Reflexões

Estações

29 Estações

Festeja a mudança de estações na vida.
Juventude, Adolescência, Mulher, Idosa.
Imita a Mãe Natureza como se tivesses
possibilidade de escolha.

Tudo tem o seu tempo.
Não empurres, nem bloqueies o rio;
ele corre para onde tem de correr.

Reflexões

Coragem

30 Coragem

Mulheres que se aventuram no desconhecido
criam caminhos para as suas sucessoras.
Ser pioneira em qualquer coisa, cria oportunidades
para as outras quererem fazer o mesmo.
Torna-se menos arriscado.

As sábias lembram-se das suas avós,
apesar de seguirem também o seu próprio caminho.
O Tao da mulher é explorar.

Reflexões

Silêncio

31 *Silêncio*

O silêncio é a arma dos opressores. Faz-te ouvir!
Quem defenderá a nossa verdade se não tu ou eu?
Faz-te ouvir! Se ninguém ouvir as nossas palavras,
quem aprenderá a nossa língua? Faz-te ouvir!
Se ninguém aprender a nossa língua,
quem nos compreenderá? Faz-te ouvir!
Se ninguém nos compreender, seremos mal compreendidas.
Faz-te ouvir!

Rodeia-te de mulheres e dá a conhecer a tua verdade.
Os homens e as mulheres escutar-te-ão.

Quem quebrará o silêncio? Faz-te ouvir!
Quem ensinará as nossas filhas se não tu e eu?
Faz-te ouvir!

Reflexões

Mulheres e homens: o Tao

32 *Mulheres e homens: o Tao*

Homens e mulheres em harmonia reflectem o Tao.
Quando trabalham em conjunto, a soma das partes
é superior ao todo.

O homem não é superior, a mulher não é mais bonita;
as palavras não passam de reflexões da pessoa que as pronuncia.
Os rios têm cursos diferentes para se unirem no oceano.
A Terra aceita o Sol no final de cada dia.

Dependendo da tua perspectiva, o Sol nasce
ou põe-se ao meio-dia.

Reflexões

Conhece-te a ti própria

33 Conhece-te a ti própria

Descobre a arte de conhecer os outros.
Fica quieta e conhece-te a ti própria. Inspira.

Trabalha de modo a organizares a tua vida.
Fica quieta e observa os exemplos. Expira.

Dá prioridade e cria os teus objectivos.
Fica quieta e atenta ao caminho.

Inspira; expira. Inspira; expira.

Fica quieta. Aí mesmo, a respirar, conhece-te
a ti própria.

Reflexões

Mistérios de mulher

34 *Mistérios de mulher*

A luz sucede-se à escuridão; a escuridão antecede a luz.
Os ciclos lunares apenas reflectem partes do todo;
padrões instintivos ecoam a Lua.
Crê na tua intuição para te guiar até casa.

Nada mais do que a Lua, nada menos do que o Sol.
Mistérios impenetráveis,
há muito tornados famosos por novatas.

Reflexões

Percorrendo o caminho sagrado

35 *Percorrendo o caminho sagrado*

Não há caminho que já não tenha sido percorrido
por outras mulheres. Não estás só na tua caminhada.

Deméter, Perséfone, Atena, Penélope, Diana, Débora, Cecília.
Todas por aqui passaram, antes de ti.
Não estás só na tua caminhada.

As viagens delas, as vidas delas, as histórias delas estão vivas
para te guiarem no teu caminho.
Escuta as mulheres que caminharam antes de ti.
Não perderás o norte.

Reflexões

O destino da mulher

36 O destino da mulher

Ela permite que a filha, ao seu lado sentada,
dê o primeiro ponto. A sábia não se apressa a desfazê-lo.
Sorri, dá o seu acordo e continua a coser
os seus próprios pontos.

As filhas seguem o exemplo das mães.
Agem com sabedoria.

As filhas observam.

Reflexões

Transformação

37 Transformação

Cria mais criando menos. A vida transforma-se durante os períodos de inactividade.
Não faças nada e começarás a conhecer o Tao da mulher.

Reflexões

Enredos

38 Enredos

A sábia desempenha o papel que lhe é atribuído,
mas cria o seu próprio enredo.
Reconhece a verdade e não tenta manter ilusões.

Não se limitando, ela não censura os outros.

Ela é livre de criar as sua próprias aventuras.

Reflexões

Fragmentos do todo

39 Fragmentos do todo

A sábia reconhece o todo em cada pedacinho.
Nada na vida se perde. Tudo faz parte de algo
e tem o seu lugar.

Cada floco de neve numa tempestade é único.
Todos os pedaços de uma colcha são diferentes.
Juntos, cobrem a Terra. Separados, a configuração perde-se.

A sábia observa cada pedaço com piedade e esperança.
Ela sabe que cada um deles contribui para o todo.
Como uma colchoeira profissional, ela reúne as peças
e reparte-as para criar vida em seu redor.

Reflexões

Regresso

40 Regresso

Um vez enfrentados os dragões, atravessados os desertos
e o caminho pela floresta desimpedido,
é hora de regressar a casa.

Escolhe com sabedoria. Reúne os teus dons e lembra-te
das lições que te deram.
Agora, estás frágil. Sê meiga contigo própria.

De fora — entra. De dentro — sai.
As fronteiras são permeáveis, mas perigosas.
As recordações emergem e as lições caem no esquecimento.

Procura outras hóspedes e dá a conhecer as tuas verdades
para que não sejam esquecidas.

Reflexões

Caminho

41 Caminho

A sábia, ao tomar conhecimento do Tao, começa a seguir
o caminho dele. A mulher vulgar reflecte sobre
que direcção deve seguir. A mulher imprudente vê apenas
obstáculos por onde passa.

Há quem diga que o caminho é escuro e infinito.

A sábia continua a sua viagem, criando luz na escuridão
e um caminho onde nada existia.

As pegadas dela marcam a estrada a percorrer.

Reflexões

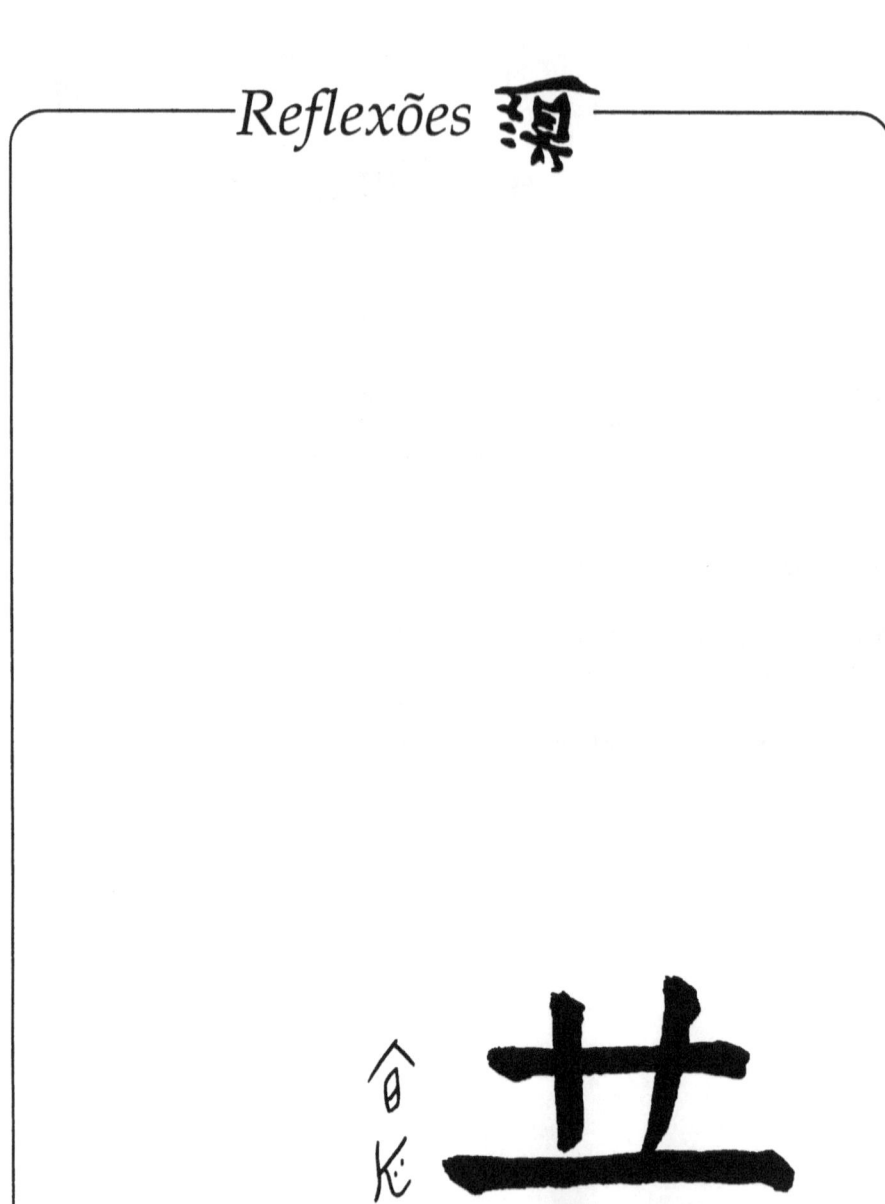

Comunhão numa só

42 Comunhão numa só

Um cria dois. Dois criam três. Todas as coisas nascem
da mulher. Homens e mulheres a trabalharem em conjunto
e em harmonia, os opostos a convergirem,
podem possibilitar uma verdadeira união.
As possibilidades são infindáveis.

Muitas não gostam de estar sozinhas.
A sábia serve-se da solidão para experimentar o isolamento.
Ao lembrar-se do seu lugar na roda da vida, apercebe-se
da sua ligação com o mundo inteiro.

Reflexões

Bondosa

43 Bondosa

A mulher é bondosa e consegue ultrapassar
 os momentos difíceis. Quando há flexibilidade,
há espaço para o que é novo. A bondade tem o seu valor.

Com o soprar do vento, a cana dobra-se
e tenta aguentar-se. Crescendo na escuridão,
o musgo indica o caminho.

A sábia, levada pela maré cheia, até a rocha mais aguçada
consegue alisar.

Reflexões

Contentamento

44 Contentamento

Que é mais importante para ti: ser famosa ou ser honesta?
A que dás mais valor: à riqueza ou à felicidade?
Que é mais difícil para ti: ser bem sucedida ou fracassar?

Se procurares nos outros o teu contentamento,
não consegues ser feliz. Se a felicidade depender da riqueza,
não te sentirás contente contigo própria.

Quando ficas contente com as coisas como estão,
dá graças por aquilo que tens. Quando te apercebes
de que nada te falta, o teu mundo está em harmonia.

Reflexões

Praticar a arte do Tao

45 Praticar a arte do Tao

Quando se trabalha com pedaços, pode ser difícil imaginar
o todo. O trabalho pode parecer impossível,
mas o impossível pode acontecer.

O trabalho quotidiano parece monótono,
mas as tarefas acabam por ser eventualmente concluídas.

Deixando as coisas acontecer naturalmente,
a sábia afasta-se.

Reflexões

Medo

46 *Medo*

Ao enfrentar o desconhecido, a sábia torna-se cautelosa.
O medo não evita que ela se aventure.

Ao utilizar a energia criada pelo medo,
ela transforma as suas visões em segurança.
Traz com ela os seus filhos.

Ao criar segurança, nada mais há a temer.

Homens e mulheres vivem em harmonia.

Reflexões

Confiar nas emoções

47 Confiar nas emoções

Quando não avalias os teus sentimentos,
tens à tua disposição uma série de possibilidades.
Ao confiares nas tuas emoções,
consegues compreender o Tao da mulher.

Quanto mais factos recolheres, mais difícil
é compreendê-los.

Sem partir, a sábia dá início à sua viagem.
Ela confia nas suas emoções e compreende
sem pôr à prova.

Reflexões

Rituais

48 Rituais

Quando se toma conhecimento do sagrado, apercebemo-nos
do profano. Cria-se um antagonismo.
Um torna-se melhor do que o outro.

Quando o vulgar se torna sagrado, tudo na vida é glorificado.
As tarefas do dia-a-dia transformam-se em rituais.

O fazer e o não fazer constituem
o Tao da mulher.

Reflexões

Família

49 Família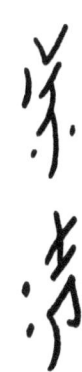

Ao alargar os laços familiares, a sábia abarca
toda a Humanidade. Relacionando-se com mães
de toda a parte, ela cria aldeias para educar as crianças.

Quando a família está confusa, ela é considerada culpada
e trabalha ainda com mais empenho.

Quando a família está em harmonia,
a sábia reconhece os feitos daquela.

Ela é mãe da família humana.

Reflexões

Ritmos da vida

50 Ritmos da vida

A sábia entrega-se aos ciclos e ritmos da vida.
Ela sabe que tudo tem de acabar
e é capaz de deixar partir todas as coisas.

Não existem fantasias no espírito dela, nem vaidades
no corpo dela. Ela não planeia os seus comportamentos;
age de acordo com os humores do seu coração.

Ela não foge da vida; está ciente da sua mortalidade.
Ela sabe que uma rosa volta à terra
quando deixa de florir.

Reflexões

Mãe Natureza

51 *Mãe Natureza*

Ao buscares o Tao, preserva a Mãe Natureza.
Rios que desaguam no mar, árvores que se transformam
com as estações, a terra que dá de comer,
o cacto que floresce no deserto.

A sábia apega-se instintivamente às suas raízes.
O Tao da mulher segue o exemplo da Mãe Natureza.
A compreensão depende do estado das coisas.

Reflexões

À procura do teu caminho

52 À procura do teu caminho

O Tao é o início. Tudo partiu dele;
tudo a ele regressará.

Para encontrares o teu caminho, volta ao princípio.
Tens de regressar da mesma maneira que chegaste.

Quando vires as crianças, leva-as até aos pais.
A tua mágoa desvanecer-se-á quando te recordares
de onde vieste.

Quando vês através da escuridão, existe luz.
Quando te afastas, és forte.
Olha para dentro e encontra o teu próprio caminho.

A vida nem sempre é o que parece.
Abstém-te de fazer julgamentos
e de te deixares levar pelas aparências.

Estás no caminho certo.

Reflexões

Manter-se no caminho certo quando se perde o norte

53 *Manter-se no caminho certo quando se perde o norte*

Se perderes o norte, mantém-te calma até o encontrares.
Há algo dentro de ti que sabe em que direcção deves seguir.

Se a estrada for larga, caminha lado a lado.
Quando a passagem estreita, caminha sozinha.
As pontes que atravessas foram construídas por alguém
que conhece o caminho.

Quando tantos são ricos, enquanto outros passam fome
e os recursos são desperdiçados em bombas,
em vez de serem gastos com bebés,
deixas de saber qual é o caminho e esqueces-te
da direcção a tomar.

Fica quieta e lembra-te. Em silêncio,
encontrarás o teu destino.

Reflexões

Mulheres que nos antecederam

54 Mulheres que nos antecederam

As mulheres que vivem segundo o Tao não cairão
no esquecimento.
As mulheres que se fazem acompanhar do Tao
não se perderão.
Os nomes delas serão lembrados como os daquelas
que as antecederam.

Quando trazes o Tao para a tua vida, tornas-te naquilo
que estavas destinada a ser.
Quando o Tao está presente na tua família, ela está a ser nutrida.
Quando o Tao está presente onde habitas,
a tua geografia transformar-se-á num local
que ensina outros locais do planeta.
Quando o Tao está presente no mundo, consegues ouvir
uma canção em uníssono.

Como pode isto ser verdade? Olha para dentro de ti.
Escuta as que te antecederam.
Escuta a tua voz quando pronuncia palavras
que a tua mãe pronunciava.
As mulheres que nos antecederam
não caíram no esquecimento.

Reflexões

Imunidade natural

55 Imunidade natural

Aquela que vive de acordo com o Tao é como um rebento.
O tronco é flexível, a casca é macia,
mas as raízes estão bem enterradas na terra.
Desconhece como são concebidos os bebés,
apesar de trazer consigo vida nova.
Pode dobrar-se para sempre à força dos ventos
e não se deixar levar pelo ar por estar em harmonia com a terra.

As sábias têm uma imunidade natural.
Deixam que tudo se erga e caia por terra,
sem interferirem, sem o desejarem.
Deixam as suas expectativas desvanecer-se
e nunca se sentem em desvantagem.
É que não estão em desvantagem;
os espíritos delas têm vida eterna.

Reflexões

Espírito criativo

56 Espírito criativo

A energia da musa é aproveitada quando páras para escutar
o silêncio que vem de dentro.
Ao criar centelhas de esplendor a partir de cinzas
que brilham a custo, ela apenas tem um instante
de vantagem.

Traços de personalidade aguardam que nasçam.
Observa as mãos da oleira, os olhos da tecedeira,
as técnicas da cesteira.

O espírito criativo está vivo nas tarefas da mulher.

Reflexões

De vulgar a heróico

57 De vulgar a heróico

Se te preocupas com os homens e com as mulheres,
conhece o Tao.
Quando desistes de tentar e te deixas dominar pelos outros,
a vida toma o seu próprio rumo.

Quanto mais regras ditares, menos pessoas as seguirão.
Quanto mais objectivos tiveres, menos segura te sentirás.
Quanto mais cuidares dos outros,
menos terão as pessoas com que se preocupar.

A sábia diz: «Esqueço as regras e as pessoas seguem
as suas próprias regras.
Não controlo os cordões da bolsa e cada um ganha
o seu dinheiro.
Não prego religiões e as pessoas tornam-se mais espirituais.
Esqueço que devo considerar os outros bons
e as pessoas tornam-se boas por vontade delas.»

A mulher heróica, conduzindo a sua vida de um modo vulgar,
alcança o extraordinário.

Gerações de mulheres a ensinarem crianças, a cultivarem,
a fazerem roupas, a criarem lares.

Que há de mais heróico?

Reflexões

Dares-te ao próximo

58 Dares-te ao próximo

Quando as mulheres são tratadas com respeito,
todas as pessoas são respeitadas.
Quando as mulheres são oprimidas,
todas as pessoas se sentem subjugadas e se tornam corruptas.

Quando as pessoas que detêm o poder possuem grandes esperanças,
os resultados ficam sempre aquém.
Quando tentas alegrar os outros, estás a prepará-los para a tristeza.
Quando tentas fazer com que os outros sejam honestos,
estás a preparar as fundações para a desonestidade.

A sábia fica contente por ser um modelo
e não tentar controlar os outros.
Ela é astuta, mas não fere os sentimentos dos outros.
Ela é directa, mas com humildade.
Ela brilha com intensidade, mas não ofusca os outros.

Acima de tudo, respeita-te a ti própria.
Dá o teu tempo, a tua energia, o teu dinheiro,
mas não a tua alma.

Quando vives para outra pessoa, não tens vida própria.
Quando te dás ao próximo, nada resta.

Quem respeita aqueles que não se respeitam
a si próprios?

Reflexões

Criar

59 Criar

Criar é importante para liderar.
Controlar exige compaixão.
A paciência é valorizada e permeia tudo.
Determinação e compromisso são sólidos, mas flexíveis.

Um pássaro alimenta instintivamente os seus filhotes.
Tudo é possível.

Reflexões

Incubação

60 Incubação

Uma sábia sabe que para cozinhar um bom *soufflé*
não pode abrir a porta do forno cedo de mais,
nem agitar os ingredientes desnecessariamente.

Dá a ti mesma tempo e espaço suficientes
para demonstrares o teu verdadeiro potencial.
À medida que o teu poder aumenta, o mal não te consegue atingir.
Já aprendeste a contorná-lo.

Se não te fizeres de vítima, a opressão terminará.

Reflexões

Receptiva

61 Receptiva

Os cursos de água e os rios são acolhidos pelo oceano.
Se aceitarmos todos, ninguém fica de fora.
Quando ela sabe que faz parte de algo maior,
ela pode descansar.

Os rios transbordam quando as margens estão cheias.
Respeita os teus limites;
faz apenas o que estiver ao teu alcance.

Reflexões

Contar as histórias

62 Contar as histórias

O comportamento da mulher é fundamental para o mundo.
As sábias valorizam-no; os tolos desprezam-no.

Recompensas podem ser ganhas por trabalhos excepcionais;
a honra pode ser alcançada por se triunfar; no entanto,
o comportamento da mulher não tem preço
e não pode ser comprado, nem ganho.

Quando encontrares uma mulher extraordinária,
senta-te junto a ela.
Observa e escuta à medida que ela narra as suas histórias
para dentro da tua vida.

Por que damos valor às mulheres mais velhas?
Porque elas conhecem as histórias que ligam as nossas famílias.

Reflexões

Discriminação: escolher as sementes

63 Discriminação: escolher as sementes

Ser sem fazer; trabalhar sem esforço.
Pensa no individual como universal
e em todas as mulheres como uma família.
Enfrenta o difícil enquanto ainda é fácil.
Desempenha grandes funções através de uma série
de pequenas acções.

A sábia não está à espera de generosidade.
Ela torna-se generosa quando as dificuldades aparecem.
Ela trata dos pormenores e o problema resolve-se.

Reflexões

Princípios sem fins

64 Princípios sem fins

É fácil criar o que já existe. É fácil modificar o que é novo.
O que é rijo pode ser facilmente quebrado.
O que está solto pode ser expelido.

A prevenção é mais fácil antes de começarem as dificuldades.
Planear a ordem antecede o princípio.
O carvalho nasce da bolota. Uma longa viagem inicia-se
com uma simples passada.

Quando os inícios são apressados, surgem os fracassos.
Ao tentar controlar, perde-se o controlo.
Forçar um final destrói a conclusão natural.

A sábia age ao participar no desabrochar.
Ela mantém-se serena durante o processo.

Reflexões

Modelos simples

65 Modelos simples

As sábias não tentam modificar as pessoas,
mas constituem um belo exemplo de sobrevivência.
Quando as pessoas pensam que sabem qual é o caminho certo,
é difícil mudá-las.
Quando as pessoas compreendem que não sabem,
podem começar então a modificar-se.

Se queres saber como é a mulher, não tentes controlá-la,
nem conduzi-la. O caminho vulgar é o mais simples.
Quando estás em paz com o que é óbvio,
podes ajudar os outros a encontrar o caminho
para os seus verdadeiros seres.

Reflexões

Colaborar

66 Colaborar

Ao trabalhar em harmonia com os outros,
a sábia é capaz de praticar grandes feitos.
Este sempre foi o pensamento das mulheres.
Cosendo colchas, fazendo cestos, cultivando alimentos,
a comunidade é uma só família.

O isolamento nunca demonstrou ser saudável,
tanto para um só indivíduo como para a comunidade.
É melhor lembrarmo-nos dos costumes antigos.

Reflexões

Presentear-se

67 Presentear-se

Através da vida, a sábia enfrenta três missões: aprender
a conhecer-se, aprender a confiar em si e aprender a arriscar.

Ao conhecer-se, ela aprende a conhecer os outros.
Ao confiar nela, ela aprende que pode confiar nos outros.
Ao arriscar, ela ganha coragem para deixar partir.

É de si própria que a sábia recebe os presentes
mais valiosos.

Reflexões

Espírito brincalhão

68 Espírito brincalhão

Crianças que brincam inventam regras à sua medida;
pintam fora das linhas e criam colegas imaginários.

O imaginário torna-se real. O real é imaginário.
Não existem fronteiras.

Reflexões

Paciência

69 Paciência

Quando planta uma semente, o jardineiro
não espera resultados imediatos.
Há ainda muito que fazer para preparar o crescimento.

Muitas vezes, andar em frente exige que se recue.
Complacentemente, a sábia ganha terreno.

Reflexões

Espiritualidade

70 Espiritualidade

Os modos da mulher são espirituais e terrenos.
Como se pode entender isto?

Sentindo as suas crenças e agindo de acordo
com a sua intuição,
a sábia honra os elos que criaram em seu redor.

Reflexões

Curar

71 Curar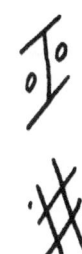

O vazio cria uma oportunidade de crescimento.
O ventre é lugar para o vazio?

Quando uma mulher aceita os seus problemas,
está pronta para começar a sua cura.

A crise é uma oportunidade.
A sábia percebe a verdade e está pronta para se tornar num todo.
A cura surge depois da ferida.

Reflexões

Moldar

72 Moldar

Quando as pessoas esquecem a sua sabedoria, procuram chefes.
Quando não confiam na sua sabedoria,
ficam dependentes de mensageiros.

A mulher astuta distancia-se de modo
a não haver mal-entendidos.
Ela molda a mensagem para que os outros consigam descobrir
a sua própria sabedoria.

Reflexões

Teia do mundo

73 Teia do mundo

As mulheres do Tao estão em paz.
Sobrevivem sem rivalizarem, falam sem palavras,
sabem quando se devem retirar e vivem sem controlar.

O Tao é a teia do mundo. Embora haja espaço entre os fios,
nada cai da teia.

Capturar o que é necessário, apertar firmemente
e deixar partir suavemente. Elos.

O Tao da mulher.

Reflexões

Mudança

74 Mudança

Quando a mulher sabe que tudo muda,
é livre de deixar partir.
Se não se temer a perda, tudo é possível.

Quando se tenta evitar a mudança,
é como tentar ser a criadora.
Desempenhar o papel de criadora, aumenta
o risco de perda.

Reflexões

Cortar o cordão

75 Cortar o cordão

Quando o preço é demasiado elevado,
as pessoas prescindem das coisas.
Quando o país é demasiado repressivo,
as mulheres perdem a liberdade.

Quando se trabalha em conjunto,
podem criar-se hipóteses.

Reflexões

Subtilezas

76 Subtilezas

As mulheres sobrevivem por serem flexíveis;
rígidas, tornam-se quebradiças e partem-se.

Tudo o que é elástico adapta-se ao ambiente.
Tudo o que é inflexível e impetuoso deixa prever
fracasso e morte.

As mulheres flexíveis e subtis mantêm um modo de vida.
As rígidas e as difíceis não sobrevivem.
As maleáveis e delicadas têm futuro.

Reflexões

Estabilidade

77 Estabilidade

No mundo, o Tao é como uma dança.
A música proporciona equilíbrio ao movimento da dança.
Ambos são necessários para criar estabilidade.

Os que tentarem alterar o equilíbrio para proteger o seu poder,
vão contra o Tao.
Movem-se depressa de mais e não escutam a música.
O poder faz alternar a ordem natural.

A sábia continua a dançar porque a sua música não tem fim.
Ela movimenta-se sem pensar, continua sem se cansar
e valoriza a ajuda dos outros.

Com a natureza a proporcionar o equilíbrio, cria-se harmonia.
Com as raízes bem fixas na terra,
a sábia é livre de se movimentar ao ritmo da sua própria música.

Reflexões

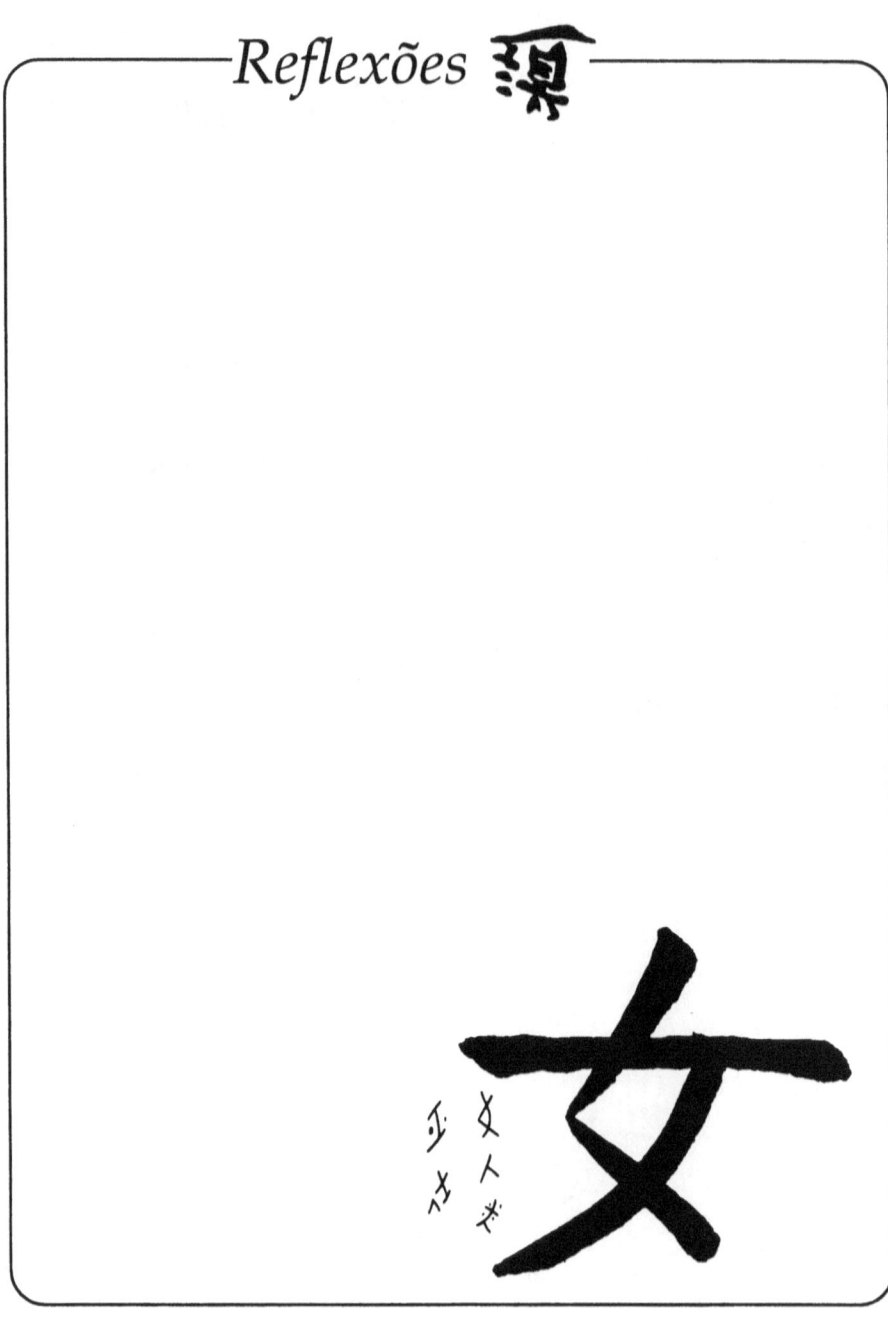

Poder no feminino

78 Poder no feminino

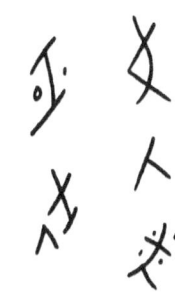

A água rende-se, mas é capaz de desgastar rochedos e pedras.
O macio desgasta o duro. O fácil resiste ao difícil.
Todos sabem que assim é,
mas poucos são os que praticam boas acções.

A sábia, contudo, não desiste de enfrentar as dificuldades.
Por ter desistido de dar apoio, transforma-se
no maior apoio dos outros.

O poder das mulheres é paradoxal.

Reflexões

Auto-responsabilidade

79 Auto-responsabilidade

Ao ser responsável pela sua vida, a sábia
não gosta de ser uma vítima; ultrapassa as suas feridas
e conta outra história.

Ficar sujeita à censura não acaba com o facto de se ser vítima.
A vida pode ser injusta para aquelas que não se apercebem
da possibilidade de crescer.

Reflexões

Estabelecer prioridades: dizer «não»

80 *Estabelecer prioridades: dizer «não»*

Tenta atravessar um rio de águas agitadas, a pé,
carregando os mantos das expectativas societárias,
e acabarás por te afogar.

A sábia aprende a dizer «não» para que as crianças
possam haver-se sozinhas.
Ela sabe que isto é saudável.
Agir na vez dos outros cria dependência e ressentimento.

Reflexões

Mulheres astutas

81 *Mulheres astutas*

As mulheres astutas voltam para acolher
as que se lhes vão seguir.
As sábias descansam, sabendo que a liberdade se alcança
com a própria viagem.

O Tao da mulher alimenta;
o caminho está bem traçado.

www.ingramcontent.com/pod-product-compliance
Lightning Source LLC
Chambersburg PA
CBHW030240170426
43202CB00007B/74